Due domande a

Roberto Tortora

Salvatore M. Ruggiero

a Roberto

"Al mondo non esistono storie, non ci sono. Al mondo esistono solo avvenimenti, vicende che si susseguono una dopo l'altra. Un fatto diventa storia quando qualcuno è disposto a raccontarla. Quando qualcuno, riferendosi a fatti realmente accaduti o inventati, collega fra di loro le parti più significative della vicenda."

Presentazione

Per ben sette anni consecutivi, compresi tra il 2009 e il 2015, a Coreno Ausonio (FR), sono stato animatore di una serie di manifestazioni culturali - essenzialmente dibattiti, presentazioni librarie e cineforum - organizzate sotto l'egida dell'Assessorato alla Cultura e dell'Amministrazione Comunale, alcune di esse denominate enfaticamente *"Incontro con l'Autore"* altre *"Serata Ingmar Bergman"*. La serie di fortunate presentazioni iniziarono, quasi casualmente, col libro di un mio amico di Napoli, anzi esattamente di Casalnuovo di Napoli, il dott. Gaetano Deuscit[1]. Nell'arco di sette anni consecutivi le rappresentazioni sono state più di una ventina, sempre in crescendo per importanza degli autori ospitati e rilievo delle opere presentate. Lo stesso numero, più o meno, degli autori

---

[1] Cattedratico della II Università di Napoli e iscritto all'Ordine Nazionale dei Medici Psichiatri, con l'hobby della scrittura. Il titolo del suo libro: *"La moneta del diavolo"*. Si tratta di un giallo in puro stile *sci-fi*.

ospitati. Ed hanno richiamato centinaia di persone e di addetti ai lavori provenienti da tutto il basso Lazio. Nel 2010, esattamente il 22 luglio, ospitai, con mio grande orgoglio il prof. Roberto Tortora. Avevo appreso dal giornale locale *"La Serra"*, diretto dal compianto Tonino Lisi, che una sua raccolta di racconti, *"Quattro quadri per una spiaggia d'inverno"*, era stata presentata da poco a Formia, la sua città. La presentazione era stata un grande successo di pubblico; il libro, edito da Manni Editore, aveva avuto un grande successo di critica e di pubblico. Un po' timoroso, confidavo sulla mia conoscenza diretta, ma, soprattutto, ero confortato dall'amicizia di Roberto con mia moglie (erano stati, per cinque anni, compagni di classe al Liceo Vitruvio Pollione), lo invitai alla mia rubrica. Lo sentii al telefono, in primavera. Fu entusiasta del mio invito e non ci restò che concordare la data. Contattai anche il mio amico di vecchia data, critico letterario prof. Dante Cerilli, mettendolo in contato con l'autore. Entrambi ricevemmo la copia canonica del libro. Entrambi lo leggemmo con voracità, quasi lo divorammo, apprezzandolo molto. Tutti non vedevamo l'ora di mettere in scena quello che sarebbe risultato uno spettacolo memorabile. Praticamente quasi due ore, fitte fitte, di dibattito, che io riassumo in questo libro e che ora sottopongo alla vostra attenzione. Il libro è diviso, fondamentalmente, in cinque brevi ante: 1) un mio ricordo personale di Roberto; 2) le due domande che io feci a Roberto Tortora per introdurre il suo intervento; 3) le rispettive risposte; 4) la spiegazione autentica del libro; 5) il messaggio-recensione del suo più caro amico, Vittorio Di Bello.

(Una foto della serata di presentazione del libro di Roberto Tortora. Si vedono, da destra: il prof. Di Siena Giuseppe - in piedi; seduti - Salvatore M. Ruggiero; il prof. Dante Cerilli; Roberto Tortora - al centro; il sindaco di Coreno Mimmo Corte; l'Assessore alla cultura Francesco La Valle.)

(Io e il prof. Dante Cerilli)

Il mio personale ricordo di Roberto Tortora.

Io e Roberto, per una buona porzione della nostra vita, siamo stati solo cortesi conoscenti, non amici. Ci conoscevamo bene, però, perché lui era un compagno di classe di mia moglie Patrizia e ci eravamo conosciuti personalmente proprio nei primi anni del loro Ginnasio, intorno alla fine degli anni '70. Avevamo continuato a vederci solo saltuariamente. Magari incontrandoci e salutandoci in occasione di qualche festa di compleanno di amici comuni di Formia che avevamo conservato proprio dagli anni del Liceo che anch'io avevo frequentato, qualche anno prima di loro. Le nostre strade si erano poi divise per via del diverso indirizzo di studi: io e Patrizia frequentavamo la Facoltà di Giurisprudenza all'Università La Sapienza di Roma; Roberto aveva prima scelto di immatricolarsi alla Facoltà di Architettura poi, preferendo seguire una sua passione innata per la letteratura, si era deciso a cambiare facoltà, iscrivendosi a Lettere, ma all'Università di Napoli. E questo è pure l'unico motivo per cui non ci siamo più rivisti fino agli anni '90. C'incontrammo un pomeriggio, casualmente, tra gli scaffali di un grande magazzino dove, io e mia moglie, e lui e la moglie, eravamo andati per qualche piccola spesa. I nostri incontri, in verità, erano sempre molto cordiali - devo dire - ma di una cordialità poco più che formale, benché ripetuti quasi annualmente; una volta al cinema, una volta lungo Via Vitruvio, un'altra volta nel negozio per i neonati. Ma quegli incontri non sono mai sfociati in una promessa di frequentazione né - da parte di entrambi - nella conclamazione di una vera amicizia. Per mia moglie il discorso era diverso. Loro due erano stati compagni di classe, ed essere compagni di classe è come fare il militare assieme: è un'esperienza che ti lega per tutta la vita. Le nostre strade erano però destinate a incrociarsi e quei rapporti poco più che formali ad intensificarsi e a rendersi più profondi proprio grazie alla nostra passione per la letteratura e all'amore comune per i libri e per la lettura. Nel 2010 ebbi finalmente la prima vera concreta occasione per invitarlo alla mia rubrica estiva di presentazione di libri e di scrittori: "Incontro con l'Autore" che, da qualche anno, curo e conduco in collaborazione stretta con l'Assessorato alla Cultura del Comune di Coreno. Avevo da poco appreso, dall'ultimo numero de *"La Serra"* - il periodico di vita corenese diretto dal compianto (anche lui) Tonino Lisi - della presentazione della bellissima raccolta di racconti di Roberto *"Quattro quadri per una spiaggia d'inverno"*, appena pubblicata per i tipi del lungimirante quanto capace editore pugliese Manni. Pensai bene, quindi, d'invitare proprio Roberto Tortora alla mia rubrica. Devo dire che, sebbene conoscessi il professore per una persona che non s'infiamma troppo facilmente, sempre misurato e ponderato nelle reazioni, e schivo, quella volta mi sembrò palesemente entusiasta del mio invito, come se non se lo aspettasse; come se, per un eccesso di modestia, lo ritenesse esagerato, non commisurato al suo reale valore. Doveva avere di sé stesso una scarsa stima: ma io, che in seguito ho imparato a conoscerlo bene, sono portato a credere che fosse solo questione di vera sobrietà. Era modesto come poche persone che ho conosciuto. Sobrio come solo le grandi persone sanno essere. A dire il vero e a volerla dire tutta, ero io che avevo temuto un suo diniego; avevo temuto di essermi sopravvalutato e di aver puntato troppo in alto; di aver chiesto troppo ad un giovane autore emergente e già apprezzato e pluri-pubblicato critico letterario. Si dà il fatto che Roberto, quella estate, approdò a Coreno, nella Villa Comunale, dove trovò ad attenderlo una nutrita platea di bibliofili, tutti i suoi allievi ed ex-affezionati allievi dell'ITC di Formia, me - naturalmente -, il preside Nilo Cardillo che parlò di *"scrittore vero, letteratura vera, libro vero"*, e il mio amico e severo critico letterario, il prof. Dante Cerilli, anch'egli molto conosciuto nell'ambiente ed anch'egli entusiasta del suo libro. Mi confessò, solo molto tempo dopo, che non avrebbe mai accettato di presentarlo se non gli fosse piaciuto veramente e non avesse valutato convenientemente il pregevole valore artistico dell'opera. Anche tra loro due si strinse un'amicizia sincera, piena di significato e alimentata dai comuni intenti e dalla comune passione. Fu resa solo non facilmente praticabile dalla lunga distanza geografica che li separava e dal tempo che non c'è mai. Ricordo che quando comunicai a Dante della morte prematura di Roberto, fu costernato. A stento riuscì a trattenere la sua sincera, viscerale commozione, mi attaccò quasi il telefono in faccia oppure gli cadde dalle mani, forse aveva preferito restare da solo a versare le sue lacrime in onore e in memoria di un collega del quale, in futuro, avrebbe certamente sentito parlare e in modo assai lusinghiero. E del quale non aveva mancato di intuire la gentilezza e qualche afflizione di troppo, dovuta ad un genuino eccesso di sensibilità. L'occasione per "farmi ricambiare - da Roberto - il favore" che gli avevo reso quell'estate, venne l'anno dopo, quando si trattò di cercare un relatore per la presentazione del mio primo libro: "Le

16

stagioni della Lattaia", la mia prima raccolta di racconti pubblicata nel 2011. Anche in questo frangente Roberto, al quale la semplicità non faceva difetto - lo sapevo bene e lo avevo apprezzato anche per questo - sembrò stupito che io chiedessi proprio a lui, e non ad altri critici, un contributo alla nostra causa comune, ma accettò sopraffatto dall'entusiasmo e animato da un grande, visibile, sincero senso di riconoscenza nei miei riguardi e nei riguardi dell'Amministrazione di Coreno che lo aveva apprezzato e, quindi, accolto con grande affetto e la reverenza che valeva. Immeritata per me; meritata per gli amministratori. La recensione del mio libro fu talmente piacevole e lusinghiera che ebbi quella sera stessa l'idea di pubblicarne a mia cura il testo integrale; fin da subito, fin da quella esaltante serata, assunsi con me stesso l'impegno a sbobinarla e a pubblicarla. In concomitanza col primo anniversario della sua dipartita, sono riuscito a realizzare quello che per me e, soprattutto, per la memoria di Roberto consideravo un vero punto d'onore. Ho pubblicato il libro col titolo: *"Il critico Roberto Tortora legge Le Stagioni della Lattaia"*. Non ho mai pensato, anzi l'idea è sempre stata accantonata con decisione, che questa pubblicazione dovesse aiutarmi a vendere qualche copia in più del mio libro; piuttosto che dovesse renderlo più comprensibile; ed ho sinceramente pensato di dovere rendere questo mio piccolo ma significativo omaggio, non all'amico e nemmeno allo scrittore, ma all'uomo e, soprattutto, all'autorevole critico letterario che Roberto era e che ancora di più sarebbe diventato con la piena maturità dei suoi mezzi. E giungiamo, infine, alla parte più tremenda della breve cronistoria del mio sodalizio con Roberto. Eravamo ormai giunti al marzo del 2013. Si trattava per me di cercare, ancora una volta, l'ospite per la mia rubrica estiva, ed avevo pensato subito di chiedere a Roberto l'ennesimo sacrificio; da poco era uscito il suo primo, tanto atteso, romanzo ed era stato presentato con grande successo, ma non senza qualche inopportuno ed inutile strascico polemico, solo a Formia (*Hormiae*), la sua città natale. Perciò cercai di raggiungere telefonicamente Roberto al recapito che ormai conoscevo bene, per averlo più volte adoperato in passato. Lo feci ripetutamente, per giorni; giorno dopo giorno, ma sempre senza ottenere risposta, né sua né dei suoi famigliari. Solo dopo i miei numerosi, ripetuti tentativi, che in qualche modo mi allarmarono anche, per avere finalmente sue notizie certe, mi decisi a telefonare a un amico comune, l'avvocato Michele Piccolino, scrittore e critico letterario anche lui. Il buon Michele mi rispose con tono drammatico e triste che, non solo Roberto non sarebbe stato disponibile per la presentazione del suo libro (solo per inciso, considera *"Tutta la luce del giorno"* un vero capolavoro); ma che, probabilmente, non sarebbe sopravvissuto fino all'estate, per godersi il meritato successo. La sua malattia era così grave, inarrestabile e - ahimé! - inesorabile. Ecco perché a casa del mio amico nessuno aveva mai alzato la cornetta, nessuno aveva mai risposto al telefono: da un po' di tempo non c'era nessuno; la casa era rimasta praticamente

19

disabitata: Roberto era da qualche settimana ricoverato all'ospedale di Latina, i suoi cari al suo capezzale, ai piedi di quello che sarebbe diventato il suo letto di morte. Lui sottoposto a cure poco più che palliative: la sua malattia letale e subdola lo avrebbe condotto alla morte entro appena qualche settimana. Dopo la sua morte ho letto il suo romanzo e ribadisco il giudizio che ne diede l'amico Piccolino: è un capolavoro, che consiglio a tutti di leggere e che accresce, moltiplicandolo a dismisura, il dispiacere per la perdita di un grande scrittore. Di un vero, sopraffino narratore. Roberto Tortora, per ironia della sorte, ci ha lasciato proprio il giorno del mio compleanno: il 6 giugno del 2013. Trasformando così una mia bella e personale ricorrenza in una data infausta e funesta. Ma proprio questa spiacevolissima, tristissima coincidenza, insieme ad una stima umana e artistica che in cuor mio ho sempre sperato essere profonda ma, soprattutto, reciproca, ha finito per legare per sempre e indissolubilmente al mio destino, l'ultimo tratto del suo percorso terreno. Lo ha fatto nel modo migliore per l'uomo: con un ricordo delicato, caro e sempre vivo, che mi porto appresso e che custodisco gelosamente *"...come se fosse una coppa di latte appena munto che non si vuole versare. E (quella memoria) sarà per me un conforto, qualcosa in cui credere."* Fin quando sarò vivo!

(La copertina del precedente libro dedicato a Roberto Tortora, contenente la sua lettura critica fatta alla presentazione del mio libro.)

Due domande a Roberto Tortora.

Prima domanda.

"Al mondo non esistono storie, non ci sono. Al mondo esistono solo avvenimenti, vicende che si susseguono una dopo l'altra. Un fatto diventa storia quando qualcuno è disposto a raccontarla. Quando qualcuno, riferendosi a fatti realmente accaduti o inventati, collega fra di loro le parti più significative della vicenda." Roberto non ti dico chi lo ha detto, anzi, chi lo ha scritto ma ti chiedo, innanzitutto, se sei d'accordo e poi quale è, secondo te, quale può essere la molla che fa scattare in una persona che ha letto molto (come te) il desiderio di cominciare a scrivere. La mia potrebbe sembrare una domanda pleonastica o anche stupida ma mi incuriosisce molto perché tutte le persone alle quali la rivolgo mi rispondono in maniera diversa. Ma non solo usando parole diverse per lo stesso concetto bensì rispondendo che la vera scaturigine è diversa per ognuno di loro.

Seconda domanda.

Ho un amico col quale ogni tanto ragioniamo di prosa e di poesia che, invece di chiarirmi le idee, mi instilla continuamente dei dubbi. Questo mio amico, che è un tuo collega insegnante di lettere si chiama Michele La Valle. Bene lui sostiene che... *"anche la prosa è poesia!"* E se non è poesia questa: *"A Vendicio è scesa la sera. A chiamarla è stato il vento. Un vento freddo che porta la sabbia sulle barche rovesciate, sulle lamiere inchiodate ai muri, sull'asfalto ingiallito dalla luce dei lampioni."* E allora volevo anche chiederti: quanto c'è di prosa e quanto c'è di poesia nel tuo libro *"Quattro quadri per una spiaggia d'inverno"*?

Le risposte di Roberto Tortora.

Prima risposta.

"Saluto tutti e provo a rispondere alle due domande di Salvatore. Innanzitutto, perché si scrive. E' la domanda più facile ma anche la più difficile che si possa rivolgere a chi scrive. Si scrive per tante ragioni. Questo è il motivo per cui si ricevono ogni volta risposte diverse. Si scrive, io credo, innanzitutto per mettere ordine nella propria vita privata, nei propri ricordi, nelle proprie attese, nelle proprie speranze. Chi scrive ha l'illusione, forse la pretesa, di poter organizzare il caos, di poter organizzare il disordine nel quale si sente coinvolto, dando una struttura alla successione delle cose. Struttura che non è necessariamente cronologica, che non è necessariamente logica, ma che comunque acquista un senso, un significato, nel momento in cui diventa parola scritta. E questa esigenza nasce, probabilmente, dal desiderio di rivedere alla luce di un significato superiore ciò che è accaduto nella propria

vita, di poterlo rivedere e rivalutare alla luce degli accadimenti quotidiani e non ultima c'è la segreta illusione, questa veramente molto ambiziosa di poter, in qualche modo, giovare agli altri, cioè al lettore. Suscitando in lui delle sensazioni, suscitando in lui delle concordanze, delle corrispondenze affettive, logiche. Chi scrive è stato e, comunque è ancora un lettore. E' uno che trae dalla lettura un grande piacere. Perché ogni volta che si accinge alla lettura sente nascere forti emozioni. Si riconosce, si rispecchia nei fatti e nei personaggi. E quando il lettore si trasforma in scrittore in realtà chiede le stesse cose; ambisce alle stesse cose. Naturalmente con valenze diverse a seconda del talento. Ma la segreta speranza – dicevo – è proprio questa: cercare di suscitare delle emozioni. Accendere dei ricordi, delle sensazioni molto forti. Questo a patto che ci sia rispecchiamento. E perché ci sia il rispecchiamento è necessario che la costruzione del racconto abbia una sua credibilità. In termini di veridicità dei *personaggi, degli eventi raccontati e anche di spessore sentimentale, di spessore emotivo e di spessore etico."*

Seconda risposta.

"Per quanto riguarda l'altra domanda, la seconda, che era quella relativa al rapporto tra prosa e poesia, se ne potrebbe parlare per ore. Io mi limiterò a dire il mio personale punto di vista. Personalmente faccio una distinzione abbastanza netta tra prosa e poesia e cerco di tenerla sempre presente. Nel senso che la prosa ha un focus, un punto di attenzione rivolto alla successione degli eventi e al realismo delle descrizioni. La poesia, invece, è centrata sulla parola. A prescindere dai contenuti. I contenuti possono essere importantissimi in poesia ma mai quanto la parola, la forza evocativa della parola. La forza musicale della parola. Ora può esistere una prosa poetica. Ed è, per esempio, tipica di molta narrativa italiana. Una prosa poetica, cioè, una prosa nella quale il contenuto passa in

secondo piano, i fatti, i personaggi diventano assolutamente secondari e lo scrittore, invece, attribuisce massima importanza alla musicalità delle parole. Io personalmente non la condivido, non la prediligo, non è il genere al quale mi ispiro, non è il genere che ho di fronte quando cerco di raffinare la pagina. Mi attengo, piuttosto, ad una ricerca di credibilità sul piano propriamente narrativo. E quando dico propriamente narrativo, lo dico riferendomi a quegli elementi dei quali parlavo prima cioè alla cd leggibilità del testo narrativo, che sono i fatti, che sono le persone, i personaggi, sono i dialoghi, per esempio. Che non sono i dialoghi immediatamente registrati e trascritti perché quella è altra cosa rispetto alla costruzione romanzesca. Ciò non toglie che anche nella prosa la parola può avere una forte valenza poetica, ma io temo che questa sia una pista molto pericolosa per chi scrive narrativa e personalmente non la seguo. Anzi, mi guardo bene dal seguirla."

Spiegazione autentica del libro
*"Quattro quadri per una spiaggia
d'inverno[2]".*

*"Adesso dirò solo due parole sul libro,
perché è stato già detto tantissimo e non
voglio annoiarvi ulteriormente. Questo
libro intanto è nato in un arco di tempo
molto lungo. Il primo racconto risale al '95
e l'ultimo è del 2004. Sono passati quasi
dieci anni. Naturalmente erano nati
ognuno come racconto a sé stante, poi ho
pensato di riunirli in questa raccolta.
L'elemento più appariscente che li unisce è
il fatto che sono ambientati a Formia.
Però questa è un'esigenza, per usare le
parole del prof. Cerilli[3], soprattutto di*

---

[2] In coda al suo intervento, precedentemente
riportato, sollecitato dal relatore prof. Dante
Cerilli, Roberto parla dei contenuti e della *ratio*
suo libro.
[3] Il prof. Dante Cerilli, scrittore, poeta, critico
letterario e direttore delle *"Pagine Lepine"* nato

carattere naturalistico. Perché comunque Formia è la mia città e là si sono svolti i fatti. E in nessun altro posto che a Formia avrei potuto ambientare questa storia. Però non c'è una valenza documentaristica, sociologica, politica forte, nel senso che quello che mi interessava era soltanto di mettere in piedi delle storie, che erano le mie storie ma nelle quali potesse riconoscersi chiunque, anche vivendo a Torino, anche vivendo in Australia. Cioè ho cercato di raccontare fatti, episodi della vita dei bambini che accadono un pò a tutti, che sono molti ordinari nella loro quotidianità, ma che in qualche modo possono acquistare una valenza, non dico simbolica, ma una valenza generale. Fatti, cioè, nei quali ognuno può ritrovare qualcosa della propria esperienza. Che poi siano accaduti a Formia è secondario. Potevano essere ambientati a Coreno, potevano essere ambientati a Milano, perché secondo me,

a Supino (FR), era stato chiamato da me a recensire e a relazionare sui contenuti del libro di Roberto Tortora.

ci sono delle ripetizioni delle costanti nella vita degli uomini, soprattutto nella vita dei ragazzi, che si ripetono, non solo in qualunque città, ma io direi in qualsiasi epoca storica. I bambini incontrano nella loro vita delle fasi: passano dalla purezza dell'infanzia, passano dall'innocenza dell'infanzia a momenti in cui, forse traumaticamente, scoprono l'età adulta. Perché avviene in episodio, qualunque episodio: l'incontro con un balordo, oppure una tentazione o un errore del comportamento. Ma c'è sempre nella vita di un bambino un episodio che turba il corso delle cose e rompe la fase dell'innocenza. Questo è detto un po' nell'ultimo racconto, molto autobiografico ma si ripete anche in qualche altro racconto. Io ho cercato di mettere in piedi delle storie che fossero credibili, tutto qua. Senza nutrire alte ambizioni letterarie, ma con la piccola pretesa di suscitare in qualcuno le sensazioni che io ho provato fortissime da bambino e che ho rivissuto da adulto e che ho cercato di sistematizzare in questi racconti."

(Roberto Tortora a Coreno)

Il messaggio dell'amico Vittorio Di Bello[4].

"Caro Salvatore, purtroppo sono fuori dall'Italia e non posso partecipare al tuo "Incontro con l'Autore" e me ne dispiace non poco[5]. Roberto è un grande e la bravura con la quale ha dipinto i quattro quadri ne fanno un grande scrittore. Leggere il libro è stata una bella esperienza. La scrittura scorrevole rende piacevole l'essere trasportati nel mezzo di storie che sono, in fondo, molto vicine a noi. La fluidità della narrazione, però è

---

[4] Vittorio Di Bello, che attualmente lavora come dirigente della *World Bank*, è stato compagno di banco di Roberto Tortora nei cinque anni di Ginnasio-Liceo. Inviò, via *web*, il suo giudizio sul libro, alla immediata vigilia della presentazione. Il suo messaggio è stato riportato fedelmente e, dal testo, si evince che era stato indirizzato a me come messaggio personale, anche se si può considerare come una lusinghiera ma sentita recensione del libro. Come tale, infatti, lo pubblico.

[5] Il messaggio è stato inviato dall'aeroporto, mentre Vittorio era in Bosnia per questioni di lavoro.

solo in apparenza piana. Se si resiste alla tentazione di leggere in fretta; se si rallenta per un attimo il ritmo, soffermandosi sui vocaboli e sulla loro concatenazione, allora si nota un lavorio di cesello finissimo.   Le parole soppesate con la staderina dell'orafo sono come le note di una composizione pianistica. Ed è facile andare per assonanza ai quadri di una esposizione di Musorskiy che tanto affascinarono Kandinskiy, peraltro amore pittorico giovanile di Roberto. Appunto! Magari fatti raccontare qualcosa di più durante l'incontro, se è possibile. I labirinti mentali di alcuni topoi dei racconti di Roberto - quanto può succedere in una stanza d'ospedale - avvincono e restano impressi nel vissuto di chi legge con la stessa forza narrativa di Borges o, forse, ancora meglio, di Buzzati. Insomma, a me il libro è piaciuto molto e avrei voluto esserci stasera."

Breve biografia di Roberto Tortora

Roberto Tortora è nato a Formia (Lt) nel 1962 ed è morto a Latina nel 2013, esattamente il 6 giugno, dopo una breve, anzi fulminante malattia. E' stato autore di una ricerca narratologica: *"Laboratorio del Verga minore in AA.VV. Da Verga ad Eco"*, Pironti, Napoli, 1991. Ha collaborato con saggi letterari alle riviste *"Arenaria"*, *"Pagine"*, *"Letteratura&Società"*, oltre ad essere stato redattore della rivista *on-line "Terpress"*. Con l'Editore Manni ha pubblicato nel 2009 la raccolta di racconti *"Quattro quadri per una spiaggia d'inverno"*.

Il racconto *"Un biglietto per il Paradiso"* è stato inserito, nel 2012, in una antologia di autori curata da Giulio Perrone. Ha frequentato il laboratorio di scrittura

creativa della RAI. Nel 2013, poco prima
della prematura scomparsa, ha pubblicato il
suo primo romanzo *"Tutta la luce del
giorno"*.

Non è assolutamente esagerato né
azzardato pensare e sostenere, come molti -
compreso me - pensano e sostengono che
Roberto Tortora era una promessa certa,
nel senso che certamente sarebbe diventata
realtà, della narrativa e della critica
letteraria.

(Roberto Tortora in una suggestiva immagine estratta dal
suo album fotografico personale.)

Indice

www.ingramcontent.com/pod-product-compliance
Lightning Source LLC
Chambersburg PA
CBHW070350290526
45791CB00003B/1498